AF339003

DE L'HÉRÉDITÉ

DE

LA PAIRIE.

PAR M. D.

Felix qui potuit rerum cognoscere causas.
Virg. Georg. II, 490.

PARIS,

CHEZ **DELAUNAY**, LIBRAIRE, AU PALAIS-ROYAL.

1831.

DE L'IMPRIMERIE D'A. PIHAN DELAFOREST,

rue des Noyers, n° 37.

DE L'HERÉDITÉ

DE

LA PAIRIE.

À la veille d'une session où nos Chambres doivent achever l'édifice de notre constitution, toutes les personnes qui par état où par habitude s'occupent de politique, se font cette question : la Pairie sera-t-elle héréditaire? Les unes, et c'est la majorité, donnent pour toute solution un oui ou un non très affirmatif, sans jeter aucune lumière sur cette question importante; les autres, et ce sont des hommes en possession d'une juste célébrité, se bornent à dire la question est grave : alors que le public, accoutumé à les considérer comme les flambeaux de l'époque, leur demande une opinion précise et non des doutes.

Assurément la question est grave : d'un côté sont l'intérêt personnel, l'autorité du passé, l'empire de l'habitude et les préjugés; de l'autre la puissance de la raison, la civilisation toujours croissante, les mœurs nouvelles, un présent fort de la perspective de grandes améliorations. Quel que soit le terrain où de tels élémens se livrent l'assaut, on aura juste raison de dire la question est grave, quoique la solution qu'on doit lui appliquer soit évidente pour l'homme éclairé ami de son pays.

Les partisans de l'hérédité disent : Point de stabilité dans la constitution de l'État sans un pouvoir modérateur entre le gouvernement et le pouvoir populaire, délibérant dans l'assemblée de ses députés : sans cet appui le gouvernement voudrait en vain le bien général ; en bute aux coups réitérés du pouvoir populaire, soulevé par ces démagogues qui ne manquent à aucune époque, il ne pourrait le faire ; isolé, seul contre tous, il serait sans action, ou le peu qu'il aurait il ne l'exercerait que sous le bon plaisir de l'anarchie toujours active, qui bientôt le dévorerait.

Ils ajoutent : Toute société représente dans son ensemble les divers âges de l'homme avec toutes ses passions, ses vertus et ses vices. La jeunesse dans une société, ce sont les assemblées populaires et leurs émanations : cette jeunesse, dans sa soif ardente du mieux possible, nous conduirait par son inexpérience dans des abimes, si la constitution ne posait une barrière à ses mouvemens impétueux : la barrière que l'expérience indique, c'est un pouvoir intermédiaire distinct par sa nature du pouvoir qui gouverne et du pouvoir populaire : c'est un pouvoir toujours présent, puissant par sa position et ses lumières, particulièrement intéressé à prévenir les crises qu'entraînent les changemens trop précipités ; c'est en un mot une Pairie héréditaire. Elle est l'ancre de salut pour les peuples comme pour les gouvernemens.

Cette théorie n'est pas nouvelle, Aristote et Cicéron avaient dit que le meilleur des gouvernemens serait celui qui offrirait une heureuse combinaison de la monarchie, de l'aristocratie et de la démocratie. Montesquieu et plusieurs célèbres orateurs de l'Assemblée constituante, en ont vu une heureuse application dans la constitution anglaise dont nous avons adopté plusieurs dispositions.

Cette théorie vraie dans d'autres temps, l'est-elle de même aujourd'hui, n'est-elle pas, au contraire, incompatible avec la haute civilisation des peuples modernes ? tel est le point de vue sous lequel la question doit être envisagée.

Si l'homme était assez heureusement né pour se dépouiller à volonté de l'influence qu'exerce sur ses jugemens, l'exemple de ce qui se passe chaque jour sous ses yeux, et soumettre toutes choses à un examen rationnel, ils seraient en bien petit nombre, ceux qui se prononceraient pour l'hérédité.

Les mots *Pairs*, *Pairie*, appartiennent au régime féodal, preuve non équivoque de leur réprobation actuelle : propres à l'aristocratie féodale, ils se sont trouvés vides de sens, quand on les a appliqués à l'aristocratie des temps postérieurs.

La première, brouillonne et fanatique, levant la tête à l'égal de nos rois, leur causa parfois les plus vives alarmes ; les plus sages s'appliquèrent, et avec succès, à comprimer son autorité : saint Louis employa des lois dictées par une saine politique ; Charles V, l'autorité d'un gouvernement sage et fort ; Louis XI, le cordon et le poignard de ses sicaires ; Henri IV et Richelieu l'ascendant de leur génie : il n'en restait plus à proprement parler, à l'avènement de Louis XIV ; il n'en restait que les titres : Louis XIV, à l'exemple de quelques-uns de ses prédécesseurs, en décora les gentilshommes de sa cour : les ducs et pairs sortirent indistinctement de ses boudoirs ou de ses armées : cette méthode devint une manie, et tel est l'état de choses dans lequel nous a surpris la révolution de 1830.

Point de parallèle à établir entre l'ancienne pairie et celle de Louis XIV : autant la première était vraie et réelle, autant la seconde était fausse ; aussi Louis XIV, au milieu de cette aristocratie factice, exerça pendant soixante-douze ans un pouvoir absolu, et soixante-douze ans après son successeur entouré des mêmes institutions, des mêmes familles, des mêmes noms, vit se former un orage qui bientôt éclata par la plus terrible catastrophe, et il périt délaissé par son aristocratie impuissante pour le sauver.

Napoléon, qui avait trouvé la France sous le régime d'une parfaite égalité politique, eut la faiblesse de s'entourer d'une aristocratie calquée sur celle de Louis XIV ; il la combla d'honneurs et de richesses : que fit-elle pour la conservation d'une dynastie qui devait lui être chère, et pour laquelle des regrets se manifestent encore ? Elle est sans reproche : elle ne pouvait rien.

En 1830 enfin nous avions une pairie héréditaire, une pairie nombreuse composée de l'aristocratie de Louis XIV et de Napoléon ; une pairie dont les mem-

bres pris individuellement ne manquaient ni de lumières, ni de courage, ni de bonnes intentions :
qu'ont-ils fait, le 28 juillet, pour comprimer le mou-
vement populaire? Le calme rétabli, ils ont prononcé
de touchantes homélies.

O vous tous dont je combats l'opinion, soit que vos
gémissemens s'exhalent sur les tombeaux du Louvre,
soit qu'ils accompagnent les exilés d'Holi-Rood ,
soit que votre douleur plus généreuse et plus française
embrasse toutes les infortunes de ce grand évènement;
contemplez ce trône renversé, ce vieillard, ces femmes,
ces enfans que le pauvre n'invoqua jamais en vain,
Français comme vous, errant sur le sol étranger ; contemplez ces rues jonchées des cadavres de vos frères
massacrés par vos frères, les angoisses du commerce
anéanti, ces ouvriers de tous les âges cherchant du
travail et demandant du pain ; parcourez enfin l'im-
mense tableau de nos souffrances, et, dans la sincé-
rité de votre conscience, demandez-vous par quels
moyens on eût pu les prévenir? Malheur à vous s'il
vous faut d'autres victimes pour vous convaincre que
la pairie héréditaire est un gage insignifiant de la stabilité des trônes et du bonheur des peuples.

Et vous surtout qui avez condamné les ministres
de Charles X, vous qui êtes directement intéressés à
la question, prenez garde à la contradiction dans
laquelle vous risquez de tomber en face de cette
nation qui vous observe ; ou bien avouez que la pairie
héréditaire est une institution impuissante dans le
but allégué, ou bien assumez tout l'opprobre de la

félonie si, pouvant sauver le trône de Charles X, il n'est tombé que par votre inertie.

Que dans des temps d'ignorance, de fanatisme et de superstition, le pouvoir aristocratique concentré dans un corps fortement constitué, ait été un élément conservateur, un gage de longévité pour les trônes et les institutions, personne ne le conteste : il est tout naturel qu'aux époques où les habitans de nos provinces ne connaissaient de la monarchie que leur curé, leur seigneur et quelquefois le nom du roi, l'influence des corps aristocratiques fut prépondérante. Cela explique comment l'influence de nos parlemens, si grande dans leur origine, fut si faible sous Louis XV et Louis XVI. Partout l'influence aristocratique se montre le corrélatif essentiel de l'ignorance et des préjugés.

Mais puisque, grace aux bienfaits de la civilisation, le réseau d'ignorance dans lequel les peuples ont été long-temps enlacés, est déchiré pour toujours ; puisque la raison est parvenue à faire inscrire sur le frontispice de nos codes : *tous les Français sont égaux devant la loi* ; puisqu'enfin la civilisation, par la puissance irrésistible de la presse, répand ses bienfaits dans toutes les classes et marque à chaque individu la place que ses talens et ses vertus lui assignent, sachons reconnaître le fait qu'il s'agit de constater. Non, le principe conservateur des sociétés modernes n'est point dans l'aristocratie : les catastrophes de 93 et de 1814 chez nous, celles de 1649 et de 1688 en Angleterre prouvent que la marche progressive de l'esprit humain, minant insensiblement le pouvoir aristocratique, a transféré ailleurs le principe de conservation qui paraissait lui être propre : aujourd'hui il gît exclusivement dans le haut degré de civilisation où nous sommes parvenus, et particulièrement dans la participation de toutes les classes aux bienfaits de l'instruction.

Avant les grandes journées de juillet, cette vérité pouvait paraître un paradoxe aux esprits superficiels et prévenus ; depuis elle est réduite en pur fait qui s'est renouvelé chaque jour. Chaque jour en effet à éclairé sur un point quelconque de la France une tentative plus ou moins grave contre le nouvel ordre de choses. Pour les réprimer l'autorité n'a eu qu'à invoquer le bon sens du public dans les gardes nationales : à Paris comme ailleurs elle s'est montrée, et les flots se sont calmés en sa présence. C'est donc en elle, ou plutôt dans ses élémens que réside le principe conservateur ; il s'y présente sous la forme la plus imposante qu'il puisse jamais acquérir : institution démocratique, elle en offre les avantages sans en avoir les dangers. Là les esprits s'éclairent par le concours de toutes les volontés à un but unique, le maintien de l'ordre et la sécurité de tous. Quelle heureuse institution que celle qui ne peut produire que le bien !

Ce n'est pas assez d'avoir prouvé que c'est illusion de chercher dans la pairie héréditaire un gage de stabilité, nous ajouterons que formant une disparate choquante avec les mœurs actuelles, elle entraînerait les plus graves inconvéniens.

Ce n'est pas par des chemins de roses qu'on arrive à la gloire ; dans les lettres , dans la carrière administrative, comme dans l'art militaire, elle fuit également ses adorateurs : pour tous elle habite des lieux de difficile accès, où peu de personnes ont la force ou la volonté d'aller cueillir ses palmes; cependant ce ne sera qu'à ce prix qu'on pourra entrer dans la chambre haute, dont le nom sera odieux si l'on y arrive sans ces conditions. Mais est-on assez peu clairvoyant sur les penchans du cœur humain pour ne pas savoir que ces enfans privilégiés de la constitution, assurés d'un brillant avenir, passeront leur jeunesse dans la dissipation, les frivolités et les plaisirs. A mesure que la loi les élève, tout dans l'ordre naturel concourt à les doter d'un autre apanage; mais c'est un apanage de corruption : aussi dans les grandes crises ce sont les hommes nouveaux qui sauvent l'État. A Rome, pendant le cours de la république, un seul homme, un plébéïen, mérita le titre de père de la patrie, pour l'avoir sauvée de la destruction que tramait un patricien.

L'hérédité, naturalisant dans la chambre haute la frivolité et l'incapacité, comment parviendra-t-on, même par des adjonctions réitérées, à la transformer en un foyer de lumières et d'amour patriotique, élémens essentiels à sa composition? Que de nouveaux pairs y soient introduits avec réserve ou par fournées, il faudra, pour ne pas tomber dans la confusion, que le principe de l'hérédité prédomine, et avec lui ses tristes effets, l'égoïsme, l'estime de soi, le mépris des autres, le dédain pour la vertu et les talens : chaque jour ces inconvéniens se dessineront avec une force nouvelle, à mesure que la chambre élective, étant l'expression plus pure d'un siècle éclairé, acquerra de nouveaux titres à la considération publique. Les choses arrivées à ce point, et nous y touchons, la pairie ne sera que fiction et mensonge : se montrant alors à nu dans toute sa vérité, on n'y verra que le corrélatif d'un état d'abjection pour le reste des hommes, et le prétendu préservatif contre les crises et les déchiremens en deviendra la cause.

Avec l'hérédité de la pairie il faudra admettre le régime des majorats et des substitutions, vieux fléau des sociétés, que la morale et une saine politique repoussent.

Les sentimens de la nature, l'éducation, la religion disent aux enfans d'un même père qu'ils ont les mêmes titres à sa tendresse, qu'ils doivent recueillir en commun les avantages attachés à leur naissance, comme dans une position contraire ils doivent subir en commun les rigueurs qui peuvent s'y rencontrer : un cœur droit et la générosité du jeune âge les porte à faire ce que la raison commande; cela ne sera pas : une loi impie, substituant une fausse raison d'État aux devoirs d'une sainte morale, s'empare de l'enfance pour persuader aux aînés qu'ils sont d'une condition différente de leurs frères; l'enfance est crédule, ils le croiront; bientôt peut-être ils se croiront les égaux de leur père! Arrêtons-nous... combien d'enfans coupables seraient en droit d'imputer leurs crimes aux législateurs imprudens !

L'abolition des substitutions fut signalée par de

grands développemens dans l'agriculture et l'industrie ; l'amélioration des terres et l'amour du travail en furent les premiers fruits : l'un et l'autre s'accrurent par la division des propriétés, qui à son tour réagit puissamment sur l'aisance de toutes les classes et les penchans qu'elle inspire. Pour l'homme naguère mercenaire, et maintenant élevé à la dignité de citoyen, le travail devint une véritable jouissance ; ses mœurs s'épurèrent, de nouveaux sentimens agitèrent son cœur : il lui fut permis de devenir époux et père. La race des prolétaires diminua ; chez aucun peuple on ne la voit moins nombreuse ; les villes et les campagnes ne sont plus inondées de gens demandant l'aumône, grâce à nos lois et aux généreux efforts de quelques philantropes qui s'associent à son œuvre : voilà la direction qu'une période de quarante ans, la plus féconde en grands évènemens, a imprimée aux générations actuelles ; la changer est une entreprise insensée : c'est l'histoire de la restauration.

Il existe parmi nous des esprits mélancoliques et sombres, qui déplorent ces améliorations que les étrangers admirent : ce sont les mêmes qui, jetant des regards inquiets sur tout ce qui ne respire pas le privilège, convoitent à l'Angleterre ses mendians, à l'Espagne ses moines, comme ils convoitaient pour la dynastie déchue l'énergie de don Miguel. Cette dynastie est tombée parce qu'elle pensait, parlait, agissait à l'inverse de son siècle ; les ordonnances de juillet vécurent un jour : ainsi dureront les institutions qui ne seront point en harmonie avec les mœurs du pays.

La civilisation , suivant son cours invincible, emporte chaque jour de force quelque chose qu'on lui disputait la veille : l'abolition de toute espèce de privilège aura son tour, en dépit de tous les gouvernans ; mais sont-ils moins coupables ces hommes obstinés qui prenant à contre sens la mission qui leur est confiée , préparent la chute des rois et les malheurs des peuples ?